Bemerkungen

zu

dem Entwurfe eines Gesetzes

betreffend die

Alters- und Invalidenversicherung

der Arbeiter.

Von

Dr. jur. **Richard Freund**,
Magistrats-Assessor zu Berlin.

Berlin.
J. J. Heines Verlag.
1888.

I.

Es ist bekannt, daß die Ende vorigen Jahres veröffentlichten „Grundzüge zur Alters- und Invalidenversicherung der Arbeiter" die Organisation dieser Versicherung im Anschluß an die Berufsgenossenschaften vorgesehen hatten. Die Versicherung sollte erfolgen durch die Berufsgenossenschaften, aber mit Hilfe besonderer, innerhalb der Berufsgenossenschaften zu bildender Invaliden-Versicherungs-Anstalten. Gegen diese Form der Organisation erhob sich von den verschiedensten Seiten insbesondere auch zum Theil aus den Kreisen der Berufsgenossenschaften selbst, lebhafter Widerspruch. Auch ich hatte mich in einer Broschüre über die „Centralisation der Arbeiterversicherung"*) gegen die berufsgenossenschaftliche Organisation der Versicherung und für die Schaffung territorialer Verbände ausgesprochen: Der gesammte versicherungspflichtige Arbeiterstand eines Bezirks soll in einem Verbande vereinigt werden, welcher die Grundlage bildet für die gesammte Arbeiterversicherung, also, Kranken-, Unfall-, Invaliden- und Alters-Versicherung. Die Gründe, welche gegen eine berufsgenossenschaftliche und für die territoriale Organisation

*) Die Centralisation der Arbeiterversicherung unter besonderer Berücksichtigung der „Grundzüge zur Alters- und Invalidenversicherung der Arbeiter". Berlin, J. J. Heine's Verlag. 1888.

der Arbeiterversicherung sprechen, insbesondere auch die Gründe, welche den Anschluß der Invalidenversicherung an die Organisation der Krankenversicherung als wünschenswerth erscheinen lassen, habe ich in dem erwähnten Aufsatze eingehend erörtert und ich werde im Laufe der vorliegenden Besprechung des Oefteren hierauf zurückkommen. Den von mir aufgestellten beiden Principien „Lokalisirung" und „Anschluß an die Krankenversicherung", sind jetzt mehrere Schriftsteller nachgefolgt, so in letzter Zeit insbesondere Schaeffle im „Deutschen Wochenblatt". Als ich mir in dem Schlußworte nicht verhehlte, daß, abgesehen von der Krankenversicherung, Aussicht für die Verwirklichung der von mir vorgeschlagenen Organisations-Form einstweilen „garnicht vorhanden sei", daß hier Alles darauf ankäme, in welcher Weise die Invaliden-Versicherung organisirt würde, daß aber die verbündeten Regierungen wohl nicht in der Lage sein dürften, einem Gesetzentwurfe ihre Zustimmung zu geben, welcher die Invaliden-Versicherung in anderer Weise, als durch die vorhandene Organisation der Berufsgenossenschaften oder doch in wesentlicher Anlehnung an dieselbe zur Durchführung bringen wollte, da hielt ich es allerdings nicht für wahrscheinlich, daß schon einige Monate später von der Regierung das berufsgenossenschaftliche Prinzip in der Organisation der Invalidenversicherung fallen gelassen werden würde. Mit umso größerer Freude wird aber diese wichtigste, fundamentale Aenderung in dem neuen Entwurf von allen Anhängern einer territorialen Organisation begrüßt werden. Zwar giebt auch die in dem neuen Entwurfe vorgesehene Organisation zu den schwerwiegendsten Bedenken Anlaß, aber durch den principiellen Bruch mit dem berufsgenossenschaftlichen Princip ist dasjenige Hinderniß beseitigt, welches allein der Schaffung einer **praktischen** und **einfachen** Organisationsform entgegenstand. Die geeignete Grundlage ist nun vorhanden und es ist mit Sicherheit zu hoffen, daß auf dieser Grundlage eine Verständigung über die eigentliche Organisations-Form wie die gesammte übrige Durchführung der Versicherung nicht schwer zu erzielen sein wird.

Nach dem neuen Entwurfe soll die Alters- und Invaliden-Versicherung erfolgen durch Versicherungsanstalten, welche für sämmtliche versicherungspflichtige Personen innerhalb eines Bezirks errichtet werden. Der Bezirk kann umfassen einen weiteren Communalverband oder das Gebiet eines Bundesstaates, auch mehrere weitere Communalverbände oder mehrere Bundesstaaten. Gesetzliche Organe der Versicherungsanstalt sind der Vorstand und der Ausschuß. Der Vorstand besteht aus einem oder mehreren Beamten des weiteren Communalverbandes oder Bundesstaates, für welchen die Anstalt errichtet ist. Neben diese Beamten können noch statutarisch, besoldete oder unbesoldete Arbeitgeber oder Versicherte als Mitglieder des Vorstandes treten.

Der Ausschuß besteht aus einer gleichen Anzahl Vertreter der Arbeitgeber und der Versicherten, welche von den Vorständen der im Bezirke der Versicherungsanstalt vorhandenen Orts-, Betriebs- (Fabrik), Bau- und Innungs-Krankenkassen, Knappschaftskassen, Seemannskassen und anderen zur Wahrung von Interessen der Seeleute bestimmten obrigkeitlich genehmigten Vereinigungen von Seeleuten, gewählt werden.

Neben diese gesetzlichen Organe kann noch statutarisch ein Aufsichtsrath treten, welcher die Geschäftsführung des Vorstandes zu überwachen und sonstige ihm durch das Statut übertragene Obliegenheiten zu erfüllen hat. Desgleichen kann durch das Statut die Einsetzung von Vertrauensmännern als örtlicher Organe der Versicherungsanstalt angeordnet werden. Endlich ist noch zu erwähnen der vom Reichskanzler für jede Versicherungsanstalt bestellte Reichskommissar, welcher befugt ist, allen Verhandlungen der Organe der Anstalt und des Schiedsgerichts beizuwohnen, Anträge zu stellen, gegen gewisse Entscheidungen selbständig Rechtsmittel einzulegen und in die Akten Einsicht zu nehmen.

Gegen diese Organisation erheben sich nun zwei schwere Bedenken:

1) Die Beseitigung bezw. erhebliche Beschränkung des Rechts der Selbstverwaltung und, damit in Verbindung stehend, der bureaukratische Charakter der Organisation;

2) Die allzugroße räumliche Ausdehnung der Anstalt.

Der Schwerpunkt der Verwaltung liegt im Vorstande. § 12 des Entwurfs bestimmt:

> Die Versicherungsanstalt wird durch einen Vorstand verwaltet, soweit nicht einzelne Angelegenheiten durch Gesetz oder Statut dem Ausschusse oder anderen Organen übertragen sind.

Gesetzlich ist dem Ausschusse nur vorbehalten:

1) Die Wahl der Beisitzer der Schiedsgerichte;

2) Die Prüfuug der Jahresrechnung und die Aufstellung von Erinnerungen dazu;

3) Die Beschlußfassung über den Erlaß von Schutzvorschriften;

4) Die Beschlußfassung über die Bildung von Rückversicherungsverbänden;

5) die Abänderungen des Statuts.

Der Vorstand wird nun gebildet aus mittelbaren oder unmittelbaren Staatsbeamten, neben welche durch statutarische Bestimmungen Arbeitgeber oder Versicherte treten können. Hierbei ist zweierlei besonders zu beachten, daß nämlich einmal der Versicherungsanstalt natürlich keinerlei Einwirkung auf die Ernennung der Staatsbeamten zusteht und daß ferner die eigentliche Geschäftsführung in den Händen der Staatsbeamten liegen muß. Der § 33 des Entwurfs bestimmt ausdrücklich:

> Der Vorstand der Versicherungsanstalt hat die Eigenschaft einer öffentlichen Behörde. Seine Geschäfte werden von einem oder mehreren Beamten des weiteren Communalverbandes oder des Bundesstaates, für welchen die Versicherungsanstalt errichtet ist, wahrgenommen.

Damit ist die Stellung genügend gekennzeichnet, welche die statutarisch bestellten Vorstandsmitglieder den Staatsbeamten gegenüber einnehmen werden. Wir haben es also hier eigentlich schon mit einer Verstaatlichung der Versicherung zu thun und die Befürchtung mag nicht unbegründet sein, daß, wie überhaupt die Organisation der Alters- und Invaliden-Versicherung für die künftige Gestaltung der schon bestehenden Versicherungs-Organisationen von Einfluß sein wird, dieser

Umstand zu einer Verstaatlichung der gesammten Arbeiter-Versicherung führen kann.

Eine Begründung des neuen Entwurfs ist leider nicht veröffentlicht und so entzieht es sich unserer Kenntniß, welche Momente dafür bestimmend waren, Staatsbeamte an die Spitze der Verwaltung zu stellen. Man wird aber vielleicht nicht fehlgehen, wenn man annimmt, daß insbesondere hierbei ein Umstand von Einfluß gewesen ist, welchen ich auch in meinem Aufsatze über das „berufsgenossenschaftliche Prinzip im Krankenversicherungsgesetze"*) berührt habe, nämlich: die Nothwendigkeit von Berufsbeamten zur Erzielung einer guten und geordneten Verwaltung, welche wiederum für die prompte Durchführung der gesammten Versicherung von größter Bedeutung ist. Es ist richtig, daß die ehrenamtlichen Vorstandsmitglieder, insbesondere die Vorsitzenden, in den meisten Fällen der Verwaltung der Kasse nicht die nöthige Zeit widmen können. Aber es erscheint verfehlt, wollte man aus derartigen Gründen die Nothwendigkeit für eine Beschränkung oder Beseitigung der Selbstverwaltung herleiten. Ich habe mich hinsichtlich der Krankenversicherung am angeführten Orte dahin ausgesprochen, daß eine gute Verwaltung nur erzielt werden kann durch geschulte, technisch gebildete Berufs-Krankenkassenbeamte, welche im Stande sind, die Kassenbücher ordnungsmäßig zu führen und überhaupt bei der Abwickelung der Kassengeschäfte, unter Beobachtung der Bestimmungen des keineswegs leicht verständlichen Krankenversicherungsgesetzes, die nöthige Sorgfalt anzuwenden, um die Kasse

*) In Schmoller's Jahrbuch für Gesetzgebung, Verwaltung und Volkswirthschaft im Deutschen Reiche. N. F. 11. Jahrgang, 2. Heft S. 42.

vor Uebervortheilung zu bewahren. Hierdurch wird das Prinzip der Selbstverwaltung in keiner Weise tangirt und so haben auch die Berufsgenossenschaften selbst höhere Beamte, Geschäftsführer, Syndici zur Führung der laufenden Geschäfte angenommen. Auf diesem Wege könnte also auch bei der Invalidenversicherung, ohne darum doch den Anstalten das Selbstverwaltungsrecht zu nehmen, für eine geordnete und prompte Verwaltung gesorgt werden.

Daß aber durch die Bestimmungen des Entwurfs den Anstalten das Selbstverwaltungsrecht, wenn nicht thatsächlich genommen, so doch in der erheblichsten Weise beschränkt wird, kann füglich nicht bestritten werden. Es kann nicht zweifelhaft sein, daß es bei der schiefen Stellung, in welcher sich sowohl die statutarisch bestellten Vorstandsmitglieder, als der Ausschuß den Staatsbeamten gegenüber befinden, zu unerquicklichen dem Wohle der Anstalt und der allgemeinen Durchführung der Versicherung keineswegs förderlichen Zuständen kommen kann. Gerade auf das Recht der freien Wahl ihrer Verwaltungsorgane sind die Arbeiter sehr eifersüchtig und es ist zu fürchten, daß sie den ihnen aufgezwungenen Beamten sowie dann überhaupt der Anstalt als solcher wenig Zutrauen und Interesse entgegenbringen werden. Hierdurch wird ihnen der Versicherungszwang noch unerträglicher gemacht, sie werden der neuen Institution im höchsten Grade antipathisch gegenüberstehen und damit wird dann gerade das Gegentheil von dem erreicht, was man in weiterer sozialpolitischer Hinsicht von der Versicherungsgesetzgebung erwarten konnte und mußte. Wo bleibt hier die in der

Allerhöchsten Botschaft vom 17. November 1881 für die Versicherungsgesetzgebung vorgezeichnete Grundlage, das Zusammenfassen der realen Kräfte des Volkslebens in der Form korporativer Genossenschaften?

Man mag durch den im Entwurfe vorgesehenen Vorstand eine prompte einfache und billige Verwaltung erzielen können; auch ich bin lebhaft dafür eingetreten, daß man darnach trachten müsse, die Versicherung so billig und einfach wie möglich zu gestalten und daß man bei Collision dieses Zieles mit außerhalb der Versicherung liegenden Zwecken die letzteren rücksichtslos zum Opfer bringen müsse. Aber ich sehe vor Allem nicht die Nothwendigkeit ein, zur Erreichung dieses Zieles den im Entwurf vorgezeichneten Weg einzuschlagen und so lange ich von dieser Nothwendigkeit nicht überzeugt bin, halte ich es für einen schweren Fehler, die Selbstverwaltung der Anstalt zu beschränken. Das Recht der Selbstverwaltung muß als bedeutsamster sozialpolitischer Faktor in der Organisation der Arbeiterversicherung unter allen Umständen aufrecht erhalten werden; gerade dieses Recht ist es, welches das Selbstbewußtsein, das Gefühl der Selbstständigkeit in dem Arbeiter erhöht, welches eine überaus wohlthätige erziehliche Wirkung auf den Arbeiter ausübt, welches auch mit dazu beiträgt, die Leistung aus der Versicherung gegen den Begriff der Armenunterstützung*) scharf abzugrenzen. Der Vor-

---

*) Die haltlose und durch Nichts begründete Behauptung, daß die durch die neuen sozialpolitischen Gesetze organisirte Arbeiterversicherung nur eine veränderte Form der Armenpflege darstelle, wird jetzt natürlich hinsichtlich der Zwangs-Invaliden-Versicherung wiederholt. Wir wollen hier nicht näher auf diese Frage eingehen und möchten nur unser Bedauern aussprechen,

stand muß aus der freien Wahl der Interessenten hervorgehen und dem Vorstande muß es überlassen bleiben, die Erledigung der laufenden Verwaltungsgeschäfte auf tüchtige Berufsbeamte zu übertragen. Hier bleibt die Oberleitung immer in den Händen der Interessenten-Vertretung, der Vorstand giebt seinen Beamten die Directiven und kann sich jeder Zeit seiner Meinung nach ungeeigneter und mißliebiger Beamten entledigen. Wie anders hingegen gestalten sich die Verhältnisse nach den Bestimmungen des Entwurfs! Die Auswahl der Persönlichkeit der an die Spitze der Verwaltung zu stellenden Beamten ist jeder Einwirkung Seitens der Interessenten entzogen, auch wird der Einfluß der Letzteren auf die Führung der laufenden Verwaltungsgeschäfte thatsächlich kein nennenswerther sein; es ist vielmehr mit Sicherheit anzunehmen, daß die dem Vorstande angehörenden Staatsbeamten thatsächlich die gesammte Verwaltung in ihren Händen haben werden. Mißliebige Beamte können nicht beseitigt werden, was um so verbitternder wirken wird, als „die Bezüge der Beamten und ihrer Hinterbliebenen von der Versicherungsanstalt zu vergüten" sind.

Man streiche also die bezüglichen Bestimmungen des Entwurfs und gebe den Interessenten das freie

---

daß, so schätzenswerth auch derartige theoretische Erwägungen sein mögen, doch durch dieselben der guten Sache unendlich viel geschadet wird. Das giebt auch unumwunden E. Hirschberg zu, welcher in einem kürzlich in der „Deutschen Revue" (XIII. Jahrgang S. 211 ff.) erschienenen Aufsatze gleichfalls die Ansicht zu vertheidigen sucht, daß durch die Arbeiterversicherung nur eine Armenpflege „unter neuem Namen und in neuer Form" eingerichtet wird. Von sozialdemokratischer Seite werden natürlich solche Behauptungen begierig aufgegriffen und zu agitatorischen Zwecken bestens verwerthet.

Wahlrecht ihrer Vorstandsmitglieder und ihrer Beamten. Hierbei mag aber nochmals ausdrücklich betont werden, daß die Erledigung der laufenden Verwaltungsgeschäfte durch Berufskassenbeamte durchaus wünschenswerth ist. Ein gut geschultes Kassenbüreau ist für die prompte Durchführung der Versicherung gradezu *nothwendig*, und der Mangel eines solchen schädigt das Interesse der Kasse und der Versicherten in gleichem Maaße.

Dagegen wird eine Verstärkung des behördlichen Einflusses auf die Kassenverwaltung nach der Richtung angemessen sein, daß die Befugnisse der Aufsichtsbehörde möglichst erweitert werden.

Was das zweite Organ der Versicherungsanstalt, den *Ausschuß*, anlangt, so muß es mit Freuden begrüßt werden, daß hier der Entwurf im Prinzip die äußerst wünschenswerthe Verbindung der Organisation der Krankenversicherung mit der der Invalidenversicherung anerkannt hat. Bedenken sind indeß vorzubringen gegen die Stellung des Ausschusses überhaupt und gegen die Wahl seiner Mitglieder durch die *Vorstände* der Kassen. Die Stellung des Ausschusses nach dem Entwurf ist durch die Stellung des Vorstandes bedingt gewesen und die Wahl durch die Kassenvorstände ist eine Nothwendigkeit der *großen territorialen Ausdehnung* der Anstalt. Auf diesen letzteren Punkt soll zuvörderst eingegangen werden.

Der § 27 des Entwurfs bestimmt:

„Die Alters- und Invalidenversicherung erfolgt durch Versicherungsanstalten, welche nach Bestimmung der Landesregierungen für weitere Communalverbände ihres Gebiets oder für das Gebiet des Bundesstaates errichtet werden.

Auch kann für mehrere Bundesstaaten oder Gebietstheile derselben sowie für mehrere weitere Communalverbände eines Bundesstaates eine gemeinsame Versicherungsanstalt errichtet werden."

Welche Verbände als weitere Communalverbände anzusehen sind, bestimmen nach § 124 die Centralbehörden der Bundesstaaten. Es kann indeß nicht zweifelhaft sein, daß hier nicht die kleineren weiteren Communalverbände, die Kreisverbände, sondern die größeren, die Provinzialverbände in Aussicht genommen sind. Diese große territoriale Ausdehnung der Anstalt ist aber weder nothwendig noch zweckmäßig. Nicht nothwendig, weil bei Zusammenfassung sämmtlicher versicherungspflichtiger Personen eines Bezirkes auch Anstalten von kleinerer räumlicher Ausdehnung zur Tragung des Versicherungs-Risikos fähig sind, nicht zweckmäßig, weil dadurch die gesammte Verwaltung erschwert wird und die prompte Durchführung der Versicherung überhaupt nothwendig leiden muß. In letzterer Beziehung kann ich nur das wiederholen, was ich bereits in meiner angeführten Broschüre rücksichtlich der Berufsgenossenschaften ausgeführt habe. „Nur die Organe wenig umfangreicher Verbände sind vermöge ihres unmittelbaren Interesses an den Ergebnissen der Verwaltung und durch die Möglichkeit, in jedem einzelnen Falle selbst an Ort und Stelle zu prüfen, geeignet, die Geschäfte mit derjenigen Schnelligkeit und Sicherheit zu erledigen, durch welche gleichzeitig das Interesse der Entschädigungsberechtigten und der Verwaltung gewahrt wird."

Durch diese Ausführungen der Motive zum zweiten

Unfallversicherungsgesetzentwurfe wird am treffendsten die Nothwendigkeit der Bildung wenig umfangreicher Verbände für die Zwecke der Arbeiterversicherung charakterisirt. Die im Entwurfe vorgesehene Organisation kann bei den Versicherten nicht das geringste Interesse erwecken und wahrlich nicht zur Förderung weiterer sozialpolitischer Zwecke geeignet sein. Bereits oben habe ich darauf hingewiesen, daß auch ich lebhaft dafür eingetreten bin, daß bei der Organisation der Arbeiterversicherung hauptsächlich Rücksichten auf Einfachheit und Billigkeit vorwalten müssen. Indessen habe ich hierbei nie die Grundlage der selbstverwaltenden korporativen Genossenschaften verlassen. Diese Grundlage ist aber in dem Entwurfe bedenklich verschoben, wenn nicht thatsächlich beseitigt.

Es wird ferner noch ein Punkt zu erwägen sein. Wir haben gegenwärtig für die Krankenversicherung und die Unfallversicherung vollständig getrennte Organisationen und jetzt soll für die Invaliden-Versicherung wiederum eine von den bestehenden Formen durchaus verschiedene Organisation geschaffen werden. Nun ist aber diese Trennung der drei Organisationen nichts weniger als wünschenswerth und man wird sich früher oder später von der Unhaltbarkeit dieses Zustandes überzeugen.*) Man wird also vielmehr darauf Bedacht nehmen müssen, für die Invalidenversicherung eine Organisations-Form zu wählen, welche geeignet ist, eine Vereinigung der drei Organisationen zu bewirken und dadurch gewinnt gerade die Organisation der Invalidenversicherung eine erhöhte Bedeutung. Es hängt, wie

*) Darin hat mir auch jüngst Schmoller Recht gegeben. Vergl. dessen „Jahrbücher" XII 2, S. 314.

ich das schon früher hervorgehoben habe, von der Organisation der Invalidenversicherung die zukünftige Gestaltung der Arbeiterversicherung überhaupt ab. Als man die Arbeiterversicherung zu organisiren anfing, tappte man noch im Dunklen; jetzt hat man Erfahrungen gesammelt, wie ich allerdings glaube noch nicht genügend,*) und es gilt auf Grund dieser Erfahrungen den letzten und entscheidenden Schritt zu thun. Nun wäre wohl die im Entwurfe vorgesehene Organisation an sich geeignet, die Unfallversicherung künftig in sich aufzunehmen aber durchaus nicht die Krankenversicherung und gerade mit letzterer einen möglichst engen Contakt herbeizuführen, muß man unter allen Umständen bestrebt sein.

Wenn ich nun dem gegenüber auch heute noch an der in meiner mehrfach erwähnten Broschüre über die „Centralisation der Arbeiterversicherung" ausführlich dargelegten Ansicht fest halte, wonach die gesammte Arbeiterversicherung am zweckmäßigsten und einfachsten direkt auf die, innerhalb eines nicht umfangreichen Bezirks zu einer korporativen Genossenschaft vereinigte Gesammtheit der versicherungspflichtigen Arbeiter zu übertrgen sei, so dürfte es vielleicht nicht unangebracht sein, einen Vorschlag für die Organisation der Invalidenversicherung zur Erörterung zu bringen, welcher mit dieser Organisations-Form und derjenigen des Entwurfs vielfach gemeinsame Berührungspunkte hat und gleichzeitig geeignet erscheinen könnte, die oben besprochenen Mängel des Entwurfs zu beseitigen oder abzuschwächen und für die Zukunft die Centralisation der Arbeiterversicherung vorzubereiten.

---

*) Auch hierin stimmt mir Schmoller l. c. durchaus bei.

Darnach soll die Versicherungsanstalt zunächst für kleinere Bezirke errichtet werden und zwar wäre es im Hinblick auf die künftige Centralisation der Krankenversicherung am zweckmäßigsten in Anlehnung an den § 44 des Kranken-Versicherungs-Gesetzes vom 15. Juni 1883 allen Gemeinden von mehr als 10,000 Einwohnern eine Versicherungsanstalt zu geben und im Uebrigen den Umfang — z. B. für Preußen — auf den Bezirk eines Kreisverbandes zu beschränken. Doch würde auch nichts dagegen einzuwenden sein, wenn man für den Umfang nur die selbstständigen Stadtbezirke und die Kreisverbände maßgebend sein ließe. Die Anstalt wird des Weiteren in derselben Weise organisirt wie die Ortskrankenkassen: Organe der Anstalt sind die Delegirten-Versammlung und der Vorstand. Die Delegirten werden gewählt von den General- (Delegirten-) Versammlungen der in dem Anstaltsbezirke vorhandenen Orts-, Betriebs-, Knappschafts- und Seemannskassen aus ihrer Mitte, der Vorstand von der Delegirten-Versammlung aus seiner Mitte. Delegirten-Versammlung und Vorstand bestehen aus einer gleichen Anzahl Arbeitgeber und Versicherter; hinsichtlich der Zahl der Delegirten bestimmt die Aufsichtsbehörde, auf wie viel Versicherter ein Delegirter entfällt. Die Aufsicht führt die Gemeindebehörde desjenigen Ortes, an welchem der Sitz der Anstalt sich befindet. Da der die Rente festsetzende Vorstand gleichmäßig aus Arbeitgebern und Arbeitnehmern zusammengesetzt ist, so ist das Schiedsgericht entbehrlich. Dagegen findet Berufung an die Aufsichtsbehörde und Revision beim Reichsversicherungsamt statt. Es fallen ferner weg der Aufsichtsrath, die Vertrauensmänner und der Reichskommissar.

Im Einzelnen ist hierzu noch Folgendes zu bemerken: Der kleinere Umfang der Versicherungsanstalt soll alle diejenigen Uebelstände beseitigen, welche größere, für die Führung der eigentlichen Verwaltungsgeschäfte untaugliche Verbände zur Folge haben und die Dezentralisation der Verwaltung nothwendig machen. Die nahe persönliche Berührung zwischen den Organen der Anstalt und den Versicherten wird gleichmäßig den Interessen der Anstalt und denen der Versicherten zu Gute kommen. Die geringere räumliche Ausdehnung soll aber auch die Durchführung der Selbstverwaltung erleichtern und damit die Gründe beseitigen, welche vielleicht zur Einfügung der Staatsbeamten in den Organismus der Anstalt in dem Entwurfe geführt haben. Die Befürchtung, daß das Risiko der Versicherung von derartig kleinen Verbänden nicht getragen werden könnte, dürfte unbegründet sein. In dieser Beziehung kann ich mich auf meine früheren Ausführungen beziehen.*) Zudem werden die Verwaltungskosten der Anstalt nur geringe sein. Abgesehen von dem durch die Art der Versicherung selbst bedingten geringen Umfange der Verwaltungsgeschäfte — namentlich im Vergleiche zur Krankenversicherung — wird zur Verringerung der Verwaltungskosten gegen den Entwurf, der Wegfall der Besoldung

*) Vergl. „Centralisation der Arbeiterversicherung" S. 14: Man hat die Nothwendigkeit der Bildung großer Berufsverbände damit motivirt, daß im Gegensatze zur Krankenversicherung, das Risiko der Unfallversicherung zu groß sei, als daß es von kleinen Verbänden getragen werden könnte. Die Ausgaben der Berufsgenossenschaften an Entschädigungsbeträgen im Jahre 1886 haben betragen rund 1,700,000 Mk., d. h. rund einen Pfennig pro Woche und Kopf oder rund 3,400,000 Personen. Nach 17 Jahren würden die Kosten der Unfallversicherung — nach einer seiner Zeit regie-

der Staatsbeamten, die Beseitigung des Schiedsgerichts und ganz besonders der Umstand beitragen, daß durch die geringe räumliche Ausdehnung der Anstalt die Ausgaben an Reisekosten und sonstigen Entschädigungen für Delegirte und Vorstandsmitglieder erheblich vermindert werden.

Was nun des Weiteren die Organe der Anstalt anlangt, so wird die Ersetzung des Ausschusses durch eine wahre Repräsentation der Versicherten, die Delegirten-Versammlung, ein größeres Interesse der Versicherten an der Anstalt, eine kräftigere Bethätigung der Selbstverwaltung hervorrufen und hierdurch einen wichtigen sozialpolitischen Zweck erfüllen. Zudem wird eine weitere Grundlage für den Anschluß der Invalidenversicherung an die Organisation der Krankenversicherung gewonnen. Auf diesen Anschluß muß aber aus Gründen, welche ich früher ausführlich erörtert habe, ein großes Gewicht gelegt werden. Bei dem im Entwurfe vorgesehenen Ausschusse, bei welchem erst auf 100 000 Einwohner mindestens ein Vertreter der Arbeitgeber und ein Vertreter der Versicherten entfällt, wird eine nennenswerthe Berührung zwischen den beiden Organisationen nicht stattfinden. Soll wirklich eine segensreiche und werthvolle Wechselwirkung zwischen beiden Versicherungen er-

rungsseitig aufgestellten Berechnung — pro Kopf der versicherten männlichen Personen betragen: rund 0,17 Mk. wöchentlich und im Beharrungszustande erst rund 0,29 Mk. Erwägt man dem gegenüber, daß im Jahre 1885 die Ausgaben der Krankenkassen für Unterstützungen bei rund 4 Millionen Versicherter 47 Millionen Mark betragen haben, also rund 0,27 Mk. pro Kopf und Woche und daß diese Last von zum großen Theil sehr kleinen Verbänden getragen worden ist, so wird man den oben angeführten Gründen kein sonderliches Gewicht beilegen können. . . . . .

reicht werden, so müssen auch lokale Berührungspunkte geschaffen werden. Werden die Delegirten der Invalidenversicherung von den Generalversammlungen der Kassen aus ihrer Mitte gewählt, so stellt sich das neue Organ gewissermaßen als ein Organ der centralisirten Krankenversicherung dar, die Invalidenversicherung gelangt also wenn auch nur indirekt durch die Organisation der Krankenversicherung zur Durchführung. Dieser Umstand wird zunächst für die allgemeine Durchführung der Invalidenversicherung bei den vielfachen Berührungspunkten derselben mit der Krankenversicherung von größtem Vortheile sein. Ich kann mich in dieser Beziehung, wie bereits bemerkt, nur auf meine früheren Ausführungen berufen.*)

*) Vgl. „Centralisation" S. 21 f.

Was zunächst die Invalidenversicherung anlangt, so müssen wir zunächst vier Ursachen der Invalidität unterscheiden:

1) Unfälle im Betriebe;
2) Unfälle außerhalb des Betriebes;
3) Krankheit;
4) allmälige Abnutzung der Arbeitskraft.

Die Invaliditäts-Fälle zu 1) scheiden aus, weil für sie die Unfallversicherung eintritt. Die Fälle zu 2) können gegenüber der Gesammtheit der Fälle nicht in Betracht kommen, ebenso wenig die Fälle zu 4). Es bleibt als Hauptfall übrig: die durch Krankheit verursachte Invalidität. Dieser Umstand allein weist deutlich darauf hin: die Invalidenversicherung im Anschlusse an die Krankenversicherung zu organisiren.

Invalidität entsteht am häufigsten als Folge chronischer Krankheiten. Die mit solchen Krankheiten behafteten Arbeiter sind gezwungen, in längeren oder kürzeren Zwischenräumen die Krankenkassen in Anspruch zu nehmen, sie bilden so zu sagen die „Stammgäste" der Krankenkassen. Diese Kassen kennen daher ganz genau die Invaliditätsaspiranten, sie sind am besten befähigt, ein richtiges Urtheil über die Nothwendigkeit der Invalidisirung fällen zu können. Dieser letztere Umstand erweist sich ganz be-

2*

Es wird auf diese Weise erreicht werden, daß beide Versicherungen Hand in Hand arbeiten und sich gegenseitig ergänzen werden; Maßregeln, welche für die Durchführung der Invalidenversicherung im Krankenkassenwesen nothwendig erscheinen, werden bei den Organen der Krankenversicherung volles Verständniß finden und umgekehrt. Die Mitglieder der Delegirten-Versammlung sind die „geborenen" Vertrauensmänner der Invalidenversicherung; sie sind über die ganzen Bezirke der Versicherung gleichmäßig vertheilt, üben die sehr nothwendige Controlle über die „Invaliden" aus und werden

---

sonders wichtig für die Fälle, in denen die Invaliditäts-Erklärung nicht auf Antrag des Berechtigten, sondern von Amtswegen erfolgt. Bislang wurden von den Krankenkassen die größten Klagen darüber geführt, daß sie von, mit chronischen Krankheiten behafteten Mitgliedern, welche thatsächlich invalide sind, dadurch systematisch ausgesogen werden, daß die betreffenden Personen kurz vor Beendigung der Krankenunterstützung „Gesundheit simuliren" und einige Zeit thatsächlich arbeiten, um dann wieder die volle Krankenunterstützung in Anspruch nehmen zu können. Es ist nun klar, daß dies Verfahren von diesen „Vampyren" der Krankenkassen nur deswegen eingeschlagen wird, weil sie keinen Anspruch auf Invaliden-Pension haben, und daß die Einführung der Zwangs-Invalidenversicherung an sich die Verminderung der Zahl derartiger Fälle zur Folge haben wird; es ist indeß auch zu erwägen, daß das Krankengeld bedeutend höher ist, als die Invaliden-Pension und daß dieser Umstand sehr wohl geeignet ist, dem betreffenden Mitgliede die Invaliditäts-Erklärung als unerwünscht erscheinen zu lassen. Jedenfalls haben die Krankenkassen das größte Interesse an der rechtzeitigen Invalidisirung der Mitglieder, die Ausgaben der Invalidenkasse kommen der Krankenkasse zu gute und beide Versicherungen müssen hier Hand in Hand arbeiten. Abgesehen von diesen besonderen Fällen muß aber im Allgemeinen — wie oben bemerkt — der Umstand, daß die Invalidität in den meisten Fällen in unmittelbarem Anschluß an eine voraufgegangene

für Abhilfe von Mißständen durch Anzeige beim Vorstande oder Interpellation in der Delegirten-Versammlung Sorge tragen können. Es wird eben eine enge Verbindung zwischen den Versicherten und den Anstalts-Organen hergestellt; das naturgemäße Interesse aller Versicherten, welches sowohl darauf gerichtet ist, daß die Anstalt vor Uebervortheilungen bewahrt wird, als daß die gerechten Ansprüche der Mitglieder befriedigt werden, wird angeregt und wach gehalten durch die Möglichkeit der Einwirkung auf die Verwaltung. Hierdurch gewinnt der betheiligte Arbeiterstand ein allgemeines Interesse

---

Krankheit eintritt, die engste Verbindung beider Organisationen, d. h. die Uebertragung beider Versicherungen auf eine und dieselbe Organisation als in hohem Grade zweckmäßig erscheinen lassen. Dieser Gedanke erscheint so natürlich, daß füglich nur zwingende Gründe von seiner Durchführung hätten abhalten können.

Ferner S. 25 f.:

Groß ist die Zahl der Invalidisirungen, welche dadurch entstehen, daß der kranke Arbeiter nicht rechtzeitig ärztliche Hilfe in Anspruch nimmt, oder daß er zu zeitig die ärztliche Behandlung verläßt und halbsiech die Arbeit wieder aufnimmt. Diese Fälle müssen sich natürlich vermindern mit dem durch die Einführung des Kranken-Versicherungs-Zwanges geschaffenen Anspruche der Arbeiter auf Krankenpflege, mit der weiteren Vervollkommnung der Krankenkassen, mit der möglichsten Ausdehnung ihrer Leistungen. (Ich denke hier ganz besonders an die Einführung der Reconvalescentenpflege, mit welcher die Berliner Orts-Krankenkassen bereits den Anfang gemacht haben.) Das ist aber wiederum ein gewichtiges Moment für die Zweckmäßigkeit des Aufbaues der Invalidenversicherung auf die Organisation der Krankenversicherung: die Krankenkasse hat mit Rücksicht auf die künftige Invaliditätsgefahr das größte Interesse daran, daß dem erkrankten Arbeiter die möglichst sorgfältige Krankenpflege zu Theil wird. Das kommt natürlich neben der Invalidenkasse nicht zum Mindesten auch dem Arbeiter selbst zu gute.

an der ganzen Entwickelung der Anstalt und das kommt sowohl der allgemeinen Durchführung der Invalidenversicherung als den weitereren sozial-politischen Zwecken derselben zu Gute. Was hier von der Delegirten-Versammlung gesagt ist, gilt auch in weit höherem Maße von dem Vorstande. Es ist fast mit Sicherheit anzunehmen, daß in den Vorstand der Invalidenversicherung zum größten Theile nur solche Personen gelangen werden, welche das Vertrauen der Versicherten als Vorstandsmitglieder der Krankenkassen bereits genießen. Erfahrungen und Personal-Kenntnisse von der Krankenversicherung her werden mit großem Nutzen bei der Invalidenversicherung verwerthet werden. Vor Allem wird aber durch die vorgeschlagene Organisation das Element der Staatsbeamten beseitigt und damit schwinden alle Bedenken, welche ich oben gegen dieses Element erörtert habe. Ich möchte es nicht unterlassen, hier nochmals ganz bestimmt hervorzuheben, daß, wie sehr ich auch der diesbezüglichen Bestimmung des Entwurfs volles Verständniß entgegenzubringen glaube, ich doch der Ueberzeugung bin, daß diese Bestimmung nur geeignet sein kann, die Arbeiter gegen die Invalidenversicherung nicht nur gleichgültig zu machen, sondern auch dieselbe ihnen als gehässige Einrichtung erscheinen zu lassen und damit in weiterer sozial-politischer Hinsicht den Erfolg der Invalidenversicherung sehr in Frage zu stellen.

Des Weiteren wird der Vorstand bei seiner wichtigsten Funktion, der Festsetzung der Renten bezw. der Anerkennung der Invalidität, eine viel umfangreichere Thätigkeit entfalten können als nach dem Entwurfe. Bei der im Entwurfe vorgesehenen Organisation wird diese Thätigkeit vollständig und ausschließlich in den

Händen der Staatsbeamten ruhen. Und gerade dieser Umstand kann nichts weniger als geeignet sein, unter den Arbeitern Sympathien für die Anstalt zu erwecken. Zudem werden auch den Beamten alle diejenigen Lokal- und Personal-Kenntnisse fehlen, welche gerade für die Festsetzung der Renten von großer Bedeutung sind und welche gerade die den betheiligten Kreisen angehörigen Vorstandsmitglieder am besten hierzu befähigen. Bei der Organisation des Entwurfs wird das Domizil des Antragstellers von dem Sitze der Verwaltung in den meisten Fällen mehr oder weniger entfernt sein. Der zuständige Beamte wird sich daher ausschließlich auf die gutachtliche Aeußerung der unteren Verwaltungsbehörden (§ 60 des Entwurfs) und eventuell auf den Bericht des Vertrauensmannes verlassen müssen. Wie anders, wenn Domizil des Antragstellers und Sitz der Verwaltung zusammenfallen oder doch nur in geringer Entfernung von einander sich befinden, wenn die über die Anerkennung der Invalidität bezw. über die Feststellung der Renten entscheidenden Personen in vielen Fällen bereits vollständig über alle für die Feststellung erheblichen Thatsachen informirt sind oder sich doch diese Information sehr leicht und eingehend persönlich verschaffen können! Es liegt in der Natur der Sache, daß das Vertrauen der Versicherten in die Entscheidungen des Vorstandes hier ein viel größeres, daß auch diese Art der Feststellung für Versicherte und Anstalt gleichmäßig von größerem Vortheile sein wird. Mit dieser veränderten Organisation wäre endlich von selbst der Wegfall des Schiedsgerichts gegeben, da der Vorstand in seiner Zusammensetzung — gleiche Zahl von Versicherten und Arbeitgebern — den Erfordernissen des Schiedsgerichts genügt.

Die Festsetzung der Renten wird in den Vorstandssitzungen zu erfolgen haben, also mit Ausschluß der Festsetzung durch ein beauftragtes Mitglied (Vorsitzenden) und einer etwaigen schriftlichen Abstimmung. Wenn der Vorstand in Zwischenräumen von 2 oder 4 Wochen zusammentritt, so wird das genügen, da ganz plötzlich eintretende Unterstützungs-Fälle und die Nothwendigkeit schleunigster Hilfe — wie bei Kranken- und Unfall-Versicherung — bei der Invalidenversicherung nicht in Betracht kommen. Dies hindert indeß nicht, daß der Vorsitzende den eingegangenen Antrag sofort einem Mitgliede als Referenten zuschreibt und daß der Referent inzwischen die Vorerhebungen anstellt.

Von der Entscheidung des Vorstandes findet Berufung an die Aufsichtsbehörde statt. Als Aufsichtsbehörde soll die Gemeindebehörde desjenigen Orts fungiren, an welchem das Schiedsgericht seinen Sitz hat. Die Anlehnung der Organisation — und zwar nicht nur der Invalidenversicherung, sondern der gesammten Arbeiterversicherung — an die Communalbehörde habe ich schon früher*) als durchaus wünschenswerth bezeichnet. Es kommt, wie bei der Krankenversicherung, so auch bei der vorgeschlagenen lokalen Organisation der Invalidenversicherung, für eine glückliche und segensreiche Durchführung der Versicherung, unendlich viel auf eine sorgsame und eifrige Aufsichtsführung an. Ich möchte diesen Faktor als einen der wichtigsten bei der Durchführung der Arbeiterversicherung bezeichnen und in vielen Fällen die Mißerfolge auf dem Gebiete der Krankenversicherung einer zu laxen Aufsichtsführung mit zuschreiben. Die

*) Vergl. „Centralisation" S. S. 37, 38.

Aufsichtsbehörde soll in erster Linie den Vorständen mit Unterstützung, Rath und Hülfe zur Seite stehen, sie muß aber auch für die prompte Erledigung der Unterstützungs-Ansprüche sorgen und ein wachsames Auge auf die Kassenführung haben.

Zu dem letzteren Zweck müssen ihr aber auch die nöthigen Machtbefugnisse ertheilt werden und man braucht hierin nicht zu ängstlich zu sein. Zu der freien Selbstverwaltung der Versicherungsanstalten bildet die scharfe Aufsichtsführung ein nothwendiges Correlat. Man erwäge auch, daß gerade der Arbeiterstand noch ein ungeschultes Material für die Ausübung des Selbstverwaltungsrechts hergiebt, daß die Betheiligung der Arbeiter an der Verwaltung ihrer Anstalt erziehlich auf dieselben wirken soll und daher umsomehr eine sichere Leitung erforderlich ist.

Die aufsichtführende Thätigkeit der Gemeindebehörde erheischt nun natürlich auch ein Aufgebot von Geld und Arbeitskraft. Aber gerade die Gemeindebehörde hat mit Rücksicht auf die Erhaltung und Erhöhung der Steuerfähigkeit der Bürger und die Entlastung des Armen-Etats, ein ganz erhebliches Interesse an dem Gedeihen der Anstalt und einer segensreichen Thätigkeit derselben. Wie daher aus diesem Grunde die Gemeindebehörde zur Führung der Aufsicht ganz besonders geeignet erscheint, so wird sie auch alle hierdurch erwachsenden Kosten, die ihr ja selbst wieder zu Gute kommen, gern tragen können. In dieser Beziehung wäre es des Weiteren sehr zu wünschen, wenn jede aufsichtführende Gemeindebehörde sich die Bildung von besonderen Deputationen (aus Mitgliedern beider Gemeindebehörden und stimmfähigen Bürgern, § 59 Abs. 1 der Preußischen

Städteordnung vom 30. Mai 1853) mit einem rechtsverständigen Mitgliede des Magistrats an der Spitze, für die Verwaltung aller gewerblichen Angelegenheiten, also insbesondere der Arbeiterversicherung, angelegen sein ließe. Die Zusammensetzung dieser Deputationen schützt vor einseitiger und falscher Beurtheilung gewerblicher Verhältnisse, das sachverständige Votum der selbst im gewerblichen Leben stehenden Mitglieder ist sehr werthvoll und die Communalaufsichtsbehörden sollten daher bei dem Interesse, welches gegenwärtig der Staat allen gewerblichen Verhältnissen zuwendet, nach Möglichkeit die Bildung derartiger Deputationen begünstigen.

Ist nun eine so gestaltete Organisation geeignet zur Durchführung der Invalidenversicherung, so soll sie doch noch andere Funktionen erfüllen, die von nicht geringerer Bedeutung sind. Zunächst soll sie die Brücke bilden zur Centralisation der Krankenversicherung. Ueber die Nothwendigkeit und Zweckmäßigkeit dieser Centralisation will ich mich an diesem Orte nicht weiter verbreiten. Das Thema habe ich ausführlich in Schmoller's Jahrbüchern *) und auch noch an anderer Stelle **) erörtert. Zur vollkommenen und schnellen Erreichung des Zieles wird allerdings die Gesetzgebung durch eine geeignete Bestimmung nachhelfen müssen; indeß es kann durch die vorgeschlagenen Maßnahmen viel vorgearbeitet werden, so daß dann durch die Gesetzgebung die Entwickelung nur einen natürlichen Abschluß finden wird.

Daß das Zusammenfassen der Krankenversicherungs-Organisation in der neuen Organisation der Invaliden-

*) Vgl. „Jahrbücher u. s. w.", N. F. 11. Jahrgang, 2. Heft, S. 25—55.

**) Vgl. „Centralisation" S. 5 ff.

versicherung, an sich zur Erreichung des erwähnten Zieles geeignet sein kann, wird füglich nicht bestritten werden können.

In Bezirken, wo der Schwerpunkt der Krankenversicherung in der Gemeinde-Krankenversicherung liegt, wird, abweichend vom Entwurfe, die Wahl zur Delegirten-Versammlung gleichfalls direkt durch die Versicherten und Arbeitgeber zu erfolgen haben. Vielleicht kann dadurch die Bildung einer gemeinsamen Orts-Krankenkasse an Stelle der den Absichten des Gesetzgebers keineswegs entsprechenden Form der Krankenversicherungs-Organisation *) befördert werden.

Endlich wird auch die neugebildete Organisation zur Aufnahme der Unfallversicherung geeignet sein. Alle die Vortheile, welche die vorgeschlagene Organisation für die Invalidenversicherung bietet, kommen auch für die Unfallversicherung in Betracht und daß alle die Bedenken, welche gegen ein Aufgeben des berufsgenossenschaftlichen Princips in der Organisation der Unfallversicherung vorgebracht werden, nicht allzu schwerwiegend sind, das habe ich bereits früher**) ausgeführt, das dürfte auch insbesondere aus dem veränderten Standpunkte, welchen die Regierung in dem gegenwärtig vorliegenden Entwurfe für die Invalidenversicherung einnimmt, zur Genüge hervorgehen. Man muß aber, wie ich das schon oben bemerkt habe, gerade diesen Punkt, die Vereinigung der gesammten Arbeiterversicherung in einer Organisation stets im Auge behalten und um dieses Zieles willen gewinnt die Or-

*) Vgl. „Centralisation" S. 6. Anm.

**) Vgl. „Centralisation" insbes. S. S. 9 ff.

ganisation der Invalidenversicherung eine ganz besondere und erhöhte Bedeutung.

Ich resumire mich nun bezüglich der Organisations-Frage in Folgendem:

1) Für die Organisation der Invalidenversicherung ist die in der Allerhöchsten Botschaft vom 17. November 1881 festgesetzte Basis der korporativen Genossenschaften beizubehalten. Die Verfassung der im Entwurfe vorgesehenen Anstalt bedarf daher einer Aenderung, insbesondere ist das Element der Staatsbeamten zu beseitigen.
2) Die Bildung der Genossenschaften erfolgt nicht auf Grund der Gemeinschaft des Berufs, sondern — wie nach dem Entwurfe — derjenigen des Beschäftigungsorts.
3) Die Organisation soll sich möglichst an diejenige der Krankenversicherung anlehnen und der Aufsicht der Gemeindebehörde unterliegen. Zu diesem Zwecke soll daher
4) der Bezirk einer Genossenschaft nur ein kleiner sein. Diese Lokalisirung ist für die segensreiche Durchführung der Versicherung durchaus nothwendig.
5) Bei der Organisation der Invalidenversicherung soll der Gesichtspunkt der Vereinigung der gesammten Arbeiterversicherung in einer Organisation, maßgebend sein.

II.

Es mögen sich hieran einige kurze Bemerkungen über einzelne Bestimmungen des Entwurfs anschließen:

Zu § 1.

Der Kreis der versicherungspflichtigen Personen muß für alle drei Arten der Versicherung ein gleicher sein. Insbesondere muß der Kreis der invalidenversicherungspflichtigen Personen derselbe sein wie der der krankenversicherungspflichtigen, da die Invalidenversicherung in vielen Beziehungen nur eine Ergänzung der Krankenversicherung darstellt. Des Weiteren ist aber auch jede Ausdehnung des jetzigen Kreises der krankenversicherungspflichtigen Personen, wenigstens vorläufig zu widerrathen. Das Bedürfniß der Versicherung ist in erster Linie für den unselbstständigen und eigentlichen Arbeiterstand vorhanden und man trachte zunächst darnach, das Versicherungsbedürfniß für diesen Kreis in vollkommenster und bester Weise zu befriedigen. Ist erst die Organisation vollständig gekräftigt, so wird sich die Ausdehnung der Versicherung leichter bewerkstelligen lassen, während gegenwärtig durch die mit jeder Ausdehnung verbundene Vergrößerung des Versicherungsapparates die Entwickelung der vorhandenen Organisation immerhin gestört und beeinträchtigt wird. Die Ausdehnung der Versicherungspflicht soll aber nur bei dringender Nothwendigkeit stattfinden. Eine solche Nothwendigkeit kann nun weder für Handlungsgehilfen und Lehrlinge, noch für Dienstboten anerkannt werden.

Es kann nicht fraglich sein, daß der Stand der Handlungsgehilfen als solcher durch den Versicherungszwang herabgedrückt würde. Und wie widersinnig wird der Zwang für die Tausende von Gehilfen und Lehrlinge, welche gut situirten Familien angehören, für die Ausländer, welche theils als Lehrlinge, theils als Gehilfen mit niedrigem Gehalt zu ihrer Ausbildung für wenige Jahre im Inlande sich aufhalten. Daß eine „Calamität" unter dem Stande der Handlungsgehilfen in den Großstädten vorhanden ist, wird man zugeben müssen. Aber diese Calamität ist hauptsächlich zurückzuführen auf die Stellenlosigkeit, auf das übergroße Angebot von Arbeitskräften, und diese Verhältnisse werden durch den Invalidenversicherungszwang schwerlich eine Aenderung erfahren können.

Zudem ist bei diesem Stande die Invaliditätsgefahr im Verhältniß zum Arbeiterstande eine sehr geringe; in physischen Zuständen, in welchen der Arbeiter durchaus als invalide betrachtet werden muß, ist der Handlungsgehilfe wegen der Natur seiner Beschäftigung und der Art seiner Vorbildung noch sehr wohl im Stande, sich seinen vollen Unterhalt zu verdienen. Des Weiteren wird die Höhe des nichtversicherungspflichtigen Einkommens nach kürzerer oder längerer Zeit erreicht und der Betreffende steht alsdann vor der Alternative, entweder die vollen Beiträge selbst zu zahlen oder seinen Anspruch zu verlieren. So lange man nicht zu der durch Thatsachen unterstützten Ueberzeugung gelangt ist, daß die allgemeine wirthschaftliche Lage der Handlungsgehilfen durch den Mangel eines Invaliditäts-

Anspruchs eine bedrängte ist,*) daß durch diesen Anspruch auf Invaliden-Rente die wirthschaftliche Lage wesentlich gebessert werden würde, so lange sollte man zögern, eine Maßregel einzuführen, welche ganz im Gegensatze zu den sozialreformatorischen Zwecken der Arbeiterversicherungsgesetze, die soziale Stellung der betroffenen Personen nicht verbessert, sondern verschlechtert.

Die Dienstboten anlangend, so ist hier ebensowenig Veranlassung vorhanden für die Einführung des Versicherungszwanges. Insbesondere kommen drei Faktoren dagegen in Betracht: die sehr geringe Invaliditätsgefahr, die sehr häufige Aufgabe der Beschäftigung in Folge Verheirathung, die bessere wirthschaftliche Lage und besonders die Möglichkeit, während des Dienstes größere Ersparnisse zu erzielen.

Zu § 18.

Die Bestimmung des § 18 hat gegen die korrespondirende Bestimmung der Nr. 12 der Grundzüge eine Vereinfachung erfahren. Ein Anspruch auf die volle Rente soll, unbeschadet der Vorschrift des § 6 Absatz 2 nur bestehen, sofern seit dem Eintritt in eine die Versicherungspflicht begründende Beschäftigung bis zum Ablauf des 70. Lebensjahres beziehungsweise bis zum Eintritt der Erwerbsunfähigkeit in jedem Kalenderjahre Beiträge für mindestens 47 Beitragswochen geleistet sind. Sind in einem Jahre weniger oder keine Beitrage ge-

*) Nach den schätzungsweisen Ergebnissen der für das Jahr 1885 aufgestellten Berliner Armen-Statistik haben in dem genannten Jahre nur 400 dem Handelsgewerbe angehörige unselbstständige Personen die öffentliche Armenpflege in Anspruch genommen und hiervon nur 240 wegen Krankheit d. h. 0,6 Prozent der in Betracht kommenden Personen (ca. 40,000).

leistet, so ist die Rente bei ihrer Feststellung nach bestimmten Tarifen entsprechend zu kürzen. Die Kürzung kann, abgesehen von dem durch Erfüllung der Militärpflicht oder Krankheit veranlaßten Ausfall, vermieden und so der Anspruch auf die volle Rente gesichert werden

a) durch freiwillige Nachzahlung,
b) durch Verrechnung der in anderen Jahren für mehr als je 47 Beitragswochen geleisteten Beiträge.

Man könnte diese Bestimmung vielleicht dadurch vereinfachen, daß man auch hier dieselben Vorschriften gelten ließe, wie im § 13 bei der Berechnung der Wartezeit, wonach die Beitragswochen, auch wenn sie in verschiedene Kalenderjahre fallen, bis zur Erfüllung des Beitragsjahres zusammengerechnet werden. Es müßten also so viel mal 47 Beitragswochen zu leisten sein, als Kalenderjahre verstrichen sind. Nachzahlungen sind nur bis zum Ablauf von 2 Jahren nach Eintritt des Ausfalls zulässig.

Die Rente würde sich dann, falls zu wenig Beiträge geleistet sind, nach folgender Formel ergeben:

$$\frac{47 \times K}{W} = \frac{R}{X} \quad X = \frac{R \times W}{47 \times K}$$

wobei K bedeutet die Anzahl der Kalenderjahre, W die Anzahl der geleisteten Beitragswochen, R den Betrag der vollen Rente. Diese Berechnungsart entspricht vielleicht nicht ganz versicherungstechnischen Grundsätzen; indeß wird dadurch die komplicirte Rechenarbeit, welche durch die Bestimmung des Entwurfs sich vernothwendigt, beseitigt und ein solcher Vortheil ist nicht hoch genug zu veranschlagen.

Zu § 71 ff.

Nach dem Entwurfe erfolgt die Feststellung der Rente und demnächst die Zahlungsanweisung durch diejenige Versicherungsanstalt, an welche zuletzt Beiträge geleistet sind. Die Zahlung der Rente geschieht vorschußweise durch die Post. Wenn nun der Versicherte während der Dauer seiner Versicherung an mehrere Versicherungsanstalten Beiträge geleistet hatte — und das wird vielleicht in der Mehrzahl der Fälle zutreffen — so erfolgt die Berechnung über den jeder Versicherungsanstalt nach Maßgabe der eingezahlten Beiträge zur Last fallenden Rentenantheil durch ein bei dem Reichsversicherungsamt einzurichtendes Rechnungsbureau. Die Central-Postbehörden übersenden dem Rechnungsbureau die Nachweisungen der von ihnen geleisteten Zahlungen, das Rechnungsbureau übersendet wiederum Nachweisungen an die einzelnen Versicherungsanstalten über die den letzteren zur Last fallenden Rentenantheile und die Zahlung hat alljährlich binnen zwei Wochen nach Empfang der Schlußnachweisung zu erfolgen.

Was zunächst die vorschußweisen Zahlungen durch die Post anlangt, so dürfte hierfür eine Nothwendigkeit nur vorhanden sein bei großer territorialer Ausdehnung der Verbände und bei der Aufbringung der Mittel durch das Umlageverfahren. Aus diesem Grunde ist diese Einrichtung bei den Berufsgenossenschaften der Unfallversicherung sehr wohl am Platze; sie erscheint aber entbehrlich bei der von uns vorgeschlagenen lokalisirten Organisation und bei der Aufbringung der Mittel durch Prämien. Bezüglich des Rechnungsbureaus habe ich mich aber schon früher*) dahin ausgesprochen, daß

*) Vergl. „Centralisation" S. 28 f.

es sich im Interesse einer möglichsten Vereinfachung der Durchführung der Invalidenversicherung empfehlen möchte, wenn irgend möglich dieses Institut zu streichen. Welch' ungeheurer Apparat wird durch dieses Bureau in Bewegung gesetzt und wie wenig werden die Anstalten dadurch entlastet, da der geschäftliche Verkehr zwischen den Anstalten und der Behörde kein geringer sein wird. Ich hatte früher meine Ansicht dahin ausgesprochen, daß man kein Bedenken tragen sollte, die volle Pensionslast derjenigen Anstalt aufzuerlegen, bei welcher die Invaliditäts-Erklärung erfolgt ist und daß man mit der Annahme nicht fehlgehen würde, daß die thatsächlichen Verhältnisse eine Ausgleichung der hierdurch erwachsenen Belastung der einzelnen Anstalten herbeiführen würde. Die Gründe, welche seiner Zeit die Denkschrift zu den „Grundzügen" gegen die Richtigkeit der letzteren Annahme anführte, waren nicht stichhaltig.

Man könnte vielleicht diesen Vorschlag dahin modificiren, daß diejenige Anstalt die volle Rente zu tragen habe, zu welcher der Versicherte innerhalb der letzten 5 Jahre die größte Anzahl Beitragswochen geleistet habe. Das würde die Gefahr von „Abschiebungen" und ungleichmäßiger Belastung der Anstalten wesentlich vermindern. Indeß müßte man dann die Feststellung der Rente der belasteten Anstalt überlassen und dieser Umstand wäre in denjenigen Fällen, in welchen der Sitz der Anstalt mit dem Domizile des Versicherten zur Zeit der Invalidisirung nicht zusammenfällt, mißlich. Immerhin wäre diese Complikation derjenigen vorzuziehen, welche durch das Rechnungsbureau geschaffen würde.

Zu §§ 83 ff.

Auch das Marken-System ist wesentlich bedingt durch die große räumliche Ausdehnung der Anstalt, durch die Entfernung der Versicherten von dem Sitze der Kassenverwaltung; deshalb wäre dies System bei einer lokalisirten Organisation keineswegs nothwendig. Von verschiedenen Seiten ist das System angegriffen worden und auch ich stand demselben früher skeptisch gegenüber. Seither bin ich jedoch zu der Ueberzeugung gekommen, daß die Vortheile, welche bezüglich der Vereinfachung der Kassenführung durch dieses System erreicht werden, so groß sind, daß ihnen gegenüber die in anderer Richtung vorhandenen Nachtheile nicht ins Gewicht fallen können.

Durch das Marken-System wird zunächst beseitigt der ganze Apparat, welcher zur Einkassirung der Beiträge nothwendig ist; es fällt ferner weg der höchst umfangreiche Apparat, welcher durch die An- und Abmeldung bedingt ist. Damit hängt zusammen eine wesentliche Vereinfachung der Buchführung, eine wesentliche Verminderung der Belästigung der Arbeitgeber und Versicherten. Die Vortheile sind also mit zwei Worten: Vereinfachung und Verbilligung des gesammten Versicherungsapparates. Bei der Verwaltung der Krankenversicherung erfordert gerade die Einkassirung der Beiträge, die Führung des Heberegisters, das An- und Abmelde-Wesen die meisten Arbeitskräfte, die meisten Kosten. Erwägt man nun, daß im Vergleich zur Krankenversicherung, die Verwaltungs-Arbeit, welche zur Erledigung der Unterstützungs-Fälle nothwendig ist, bei der Invalidenversicherung nur eine geringfügige sein wird, so würde bei Einführung des Marken-Systems und bei dem von uns vorgeschlagenen Umfang der Anstalt kaum ein Kassenbeamter ausreichende Beschäftigung finden. Die Verwaltung würde sich demnach sehr billig gestalten.

Die Nachtheile des Marken-Systems bestehen zunächst in dem Mangel eines Budgets. Die Anstalt kennt nicht ihre wahren Jahres-Einnahmen und nicht das wahre Verhältniß zu den Ausgaben. Man wird jedoch annehmen können, daß im Laufe der Jahre sich der Marken-Verkauf von selbst reguliren wird und daß dadurch ein, wenn auch nur einigermaßen sicherer Ueberblick über den Stand der Anstalt wird gewonnen werden können.

Der Mangel einer Uebersicht über die Zahl der Mitglieder der Anstalt kann nicht wesentlich in's Gewicht fallen. Weit schwerer fällt aber in's Gewicht die Controlle über die Einzahlung der Beiträge, d. h. also über die Entwerthung der Marken. Hier wird zunächst die beste Controlle der Arbeitnehmer selbst ausüben, da das Fehlen von Marken seiner Zeit die Minderung der Rente zur Folge hat; dazu kommt noch das Control-Recht (§ 99) und das Strafrecht (§ 129) des Vorstandes. Durchaus nothwendig ist es, daß für das ganze Reich einheitliche Vorschriften über die Entwerthung der Marken erlassen werden. Eine Benachtheiligung der Anstalt kann dadurch stattfinden, daß ein Arbeitgeber sich dazu hergiebt für einen Zeitraum Marken zu entwerthen, in welchem die betr. Person bei ihm nicht gearbeitet hat. Es dürfte sich die Aufnahme einer ausdrücklich hierauf gerichteten Strafbestimmung empfehlen.

Die Entwerthung der Marken freiwilliger Mitglieder (§ 88, Abs. 2) wird bei einer lokalisirten Organisation besser durch die Versicherungsanstalt selbst erfolgen können.

Die gegen das Quittungsbuch veranstaltete „Hetze" ist natürlich ein durchaus tendenziöses Manöver. Warum wittert man denn auf einmal den fürchterlichsten Verrath in den Quittungsbüchern der „Invalidenversicherung", während man die Quittungsbücher der „Krankenversicherung" durchaus unbeanstandet läßt. Dazu kommt, daß die §§ 85, 136 des Entwurfs einen durchaus hinreichenden Schutz gegen Mißbrauch gewähren.

Zu §§ 11, Abs. 2, 12, Abs. 2, 14, 16, 17.

Die Bedenken gegen diese Bestimmungen des Entwurfs, insbesondere gegen den Reichszuschuß, die Deckung des Kapitalwerthes der Renten, und die Höhe der Renten habe ich bereits früher erörtert*) und ich kann daher hier auf meine früheren Ausführungen verweisen.

Die vorstehenden kurzen Bemerkungen können nicht beanspruchen, eine erschöpfende Beurtheilung des Entwurfs zu bieten. Wenn der eigentlichen Organisations-Frage eine ausführlichere Behandlung zu Theil geworden ist, so liegt das in der Natur der Sache, denn alle übrigen Fragen sind gegenüber dieser Frage von untergeordneterer Bedeutung. Grade in dieser Frage enthält der Entwurf gegen die früheren „Grundzüge" die wichtigste Aenderung, nämlich das Aufgeben des berufsgenossenschaftlichen Prinzips. Welche Bedenken trotz dieser fundamentalen Aenderung gegen die Organisation des Entwurfs vorhanden sind, habe ich erörtert und gleich-

*) Vgl. „Centralisation" S. S. 26 f., 30 f., 32 ff.

zeitig einen Vorschlag gemacht, welcher vielleicht geeignet sein könnte, diese Bedenken zu beseitigen. An Stelle der büreaukratischen, große Bezirke umfassenden Versicherungs-Anstalt soll eine selbstverwaltende lokalisirte Versicherungs-Genossenschaft treten. Diese Genossenschaft soll zur künftigen Trägerin der gesammten Arbeiterversicherung auserse̲hen werden. Ja, vielleicht könnte dieselbe auch mit anderen Aufgaben betraut werden. Ich möchte hier nur an die Errichtung eines Central-Arbeits-Nachweises und die Frage der Arbeiter-Wohnungen erinnern, welche zum Mindesten, insbesondere für die Arbeiterbevölkerung der Großstädte, von derselben Bedeutung ist, wie die der Arbeiterversicherung. Nun glaube ich aber, daß grade diese Frage von der Genossenschaft, in welcher sich der gesammte Arbeiterstand vereinigt, leicht und glücklich gelöst werden könnte: die Genossenschaft baut die Häuser, sie ist und bleibt Eigenthümerin derselben und vermiethet die Wohnungen an ihre Mitglieder. Wenn z. B. bei der Berliner Genossenschaft mit 300 000 Mitgliedern nur ein Beitrag von 10 Pf. monatlich geleistet würde, so ergäbe das eine Jahreseinnahme von 360 000 Mk. Damit läßt sich immer ein Anfang machen und man würde, wenn auch langsam, doch stetig dem Ziele nahe kommen. Der Beitrag müßte natürlich zwangsweise erhoben werden. Weitere Einnahmen kämen aus den Miethen; auch dürfte die General-Versammlung befugt sein, Ueberschüsse aus den Einnahmen der Arbeiterversicherung dem Baufonds zuzuwenden. Auf eine weitere Ausführung will ich hier verzichten, es genügt mir, diese Frage einstweilen nur anzuregen, vielleicht komme ich noch später einmal hierauf zurück.

Was nun endlich die Frage anlangt, ob denn überhaupt für die Organisirung der Alters- und Invalidenversicherung schon jetzt der geeignete Zeitpunkt gekommen sei, so muß ich diese Frage, wie in der Schlußbemerkung zu meinen früheren Ausführungen über die „Grundzüge", principaliter verneinen. Sowohl die Organisation der Krankenversicherung als die der Unfallversicherung sind noch in der Entwickelung begriffen und die neuen Anforderungen, welche durch die Einführung der Invalidenversicherung an die betheiligten Kreise gestellt würden, müßten den Abschluß der Entwickelung aufhalten, wie umgekehrt der Durchführung der Invalidenversicherung nicht das volle Interesse, die volle Kraft zugewendet werden könnte. Man führe zunächst die so überaus nothwendige Abänderung des Krankenversicherungsgesetzes herbei, und ziehe namentlich die Einführung einer gesetzlichen Bestimmung in Erwägung, wodurch die Centralisation der Krankenkassen gefördert wird. Alsdann muß es das Bestreben der Aufsichts- und höheren Verwaltungsbehörden sein, auf die möglichste Centralisirung der Kassen hinzuwirken und dadurch die Krankenversicherungs-Organisation derartig zu kräftigen, daß sie für die Organisation der Invalidenversicherung als Basis oder Stütze dienen kann.

Ist man nun ferner zu der Ueberzeugung gelangt, daß die Berufsgenossenschaften für die Organisation der Invalidenversicherung nicht verwerthbar sind, so fallen auch damit die Pläne zusammen, welche man hinsichtlich dieser Organisations-Form für den weitereren Ausbau der Sozialreform gehabt hat. Somit steht der Beseitigung der Genossenschaften nicht nur Nichts entgegen, sondern sie erweist sich sogar als durchaus nothwendig.

Man zögere auch dann mit dieser Maßregel nicht, denn jede Verzögerung erhöht die Schwierigkeit der Ausführung. Daß die anderweite Organisation der Unfallversicherung im Anschlusse an die Krankenversicherung erfolgen soll, habe ich schon früher ausgeführt. Man führe erst die Vereinigung dieser beiden Versicherungen vollständig durch und dann erst gehe man an die Organisirung der Invalidenversicherung auf der nun gewonnenen Grundlage, welche sich dann ohne jede Schwierigkeit vollziehen wird.

Jedenfalls wird gerade die Organisations-Frage der sorgsamsten Erwägung bedürfen. Die Zeit zum Experimentiren ist vorbei. Man vergesse auch nicht, daß jeder Mißerfolg auf dem Gebiete der Arbeiterversicherung zur scharfen Waffe in den Händen der Sozialdemokraten wird

Druck von Albert Koenig in Guben.

FSC
www.fsc.org
MIX
Papier | Fördert gute Waldnutzung
FSC® C083411

Kolibri 360 GmbH
Ferdinand-Jühlke-Straße 7
99095 Erfurt, Deutschland
produktsicherheit@kolibri360.de